AF382934

ADAPTA TU COMUNICACIÓN A LAS REDES SOCIALES

Las claves para convertirse en un community manager

Por Irène Guittin

En colaboración con Céline Faidherbe

Traducido por Laura Soler Pinson

Coaching 50MINUTOS.es

ADAPTA TU COMUNICACIÓN A LAS REDES SOCIALES

- **¿Problemática?** Las redes sociales se desarrollan rápidamente y se vuelven fundamentales para la comunicación de las empresas. Son participativas, interactivas, multimedia e hipertextuales, por lo que ofrecen posibilidades ricas y prometedoras si sabemos cómo explotarlas.
- **¿Utilidad?** Difundir la reputación de tu empresa, mejorar su imagen, llegar a un público más amplio.
- **¿Contexto profesional?** Comunicación, mercadotecnia, desarrollo.
- **¿Preguntas frecuentes?**
  - ¿Con qué frecuencia tengo que publicar en las redes sociales?
  - ¿Cómo imprimo dinamismo a una cuenta dormida?
  - ¿Tengo que hablar en primera persona del

singular o del plural? ¿En nombre de quién debo expresarme?

- ¿Cómo reacciono ante los comentarios agresivos, calumniosos o difamatorios?
- ¿Qué ocurre si no respeto las condiciones de uso?
- ¿Las redes sociales pueden reutilizar la información publicada?
- ¿Tengo que incluir las redes sociales en los contratos de trabajo de mis empleados?
- ¿Debo contratar a un *community manager* para explotar las redes sociales?

Al igual que ocurre con muchas herramientas de comunicación, especialmente en sus inicios, las redes sociales a menudo se presentan como un sistema misterioso, repleto de promesas y de vicios, que resulta ser a la vez la clave para darse a conocer al público y la cara diabólica de una generación exhibicionista.

Cuando la comunicación va más allá de las fronteras y de los límites conocidos, todo el mundo acaba considerándola un riesgo: riesgo de voyerismo, riesgo de perder nuestra intimidad, riesgo de fusionarnos con el otro, riesgo de existir solo a través de lo virtual, etc. Las posibilidades de internet —y los peligros que lleva aparejados— parecen infinitas. Dentro de este instrumento, que no conoce tiempo y espacio, las redes sociales, se presentan como la piedra angular de la idea de compartir en exceso. Así se lo explica una anciana a un futuro superhéroe: «Un gran poder conlleva una gran responsabilidad». Igual que Peter Parker debe saber elegir adecuadamente para convertirse en Spiderman y permitir que reine la ley sin caer en la injusticia, todo buen *community manager* que se precie debe dominar las normas de las redes sociales para mantener un discurso pertinente sin caer en el aburrimiento, en el acoso o en temas fuera de lugar.

Para formar parte de los superhéroes de la comunicación, explotar los poderes extraordinarios de las redes sociales y reunir una pequeña comunidad de seguidores a tu alrededor, es aconsejable que conozcas la maquinaria y los trucos.

EL ABECÉ DEL PERFECTO ANIMADOR DE LAS REDES SOCIALES

UN NUEVO TIPO DE COMUNICACIÓN

Con las redes sociales, ya no nos limitamos a transmitir una información a un público esperando influir en su comportamiento. Vamos más allá, queremos entrar en sus vidas. Se trata de pasar del exterior al interior de su contexto personal, de formar parte de su entorno de contactos, de sus «amigos», como si fuéramos un ser cercano. Cuando un individuo consulta las páginas de las redes sociales, se informa a la vez sobre su familia y sobre empresas, grupos, asociaciones y actividades que le interesan. Si formamos parte de su red de contactos, entramos en su círculo privado, participamos en su día a día, se nos considera un elemento familiar, tranquilizador, de estabilidad. ¿Y en quién confiamos más? ¿En un anuncio publicitario o en la opinión de un amigo?

En su obra *Anthropologie de la communication* («Antropología de la comunicación»), Yves Winkin distingue dos concepciones de la comunicación:

- una concepción «telegráfica», en la que un emisor transmite un mensaje a un receptor;
- una concepción «orquestal», en la que varios individuos emiten informaciones que tanto unos como otros perciben (o no) en un sistema de red y de reciprocidad.

Estas dos concepciones ilustran bien los dos tipos de comunicación actuales de las empresas. La publicidad es un modelo telegráfico: el público recibe el mensaje que la empresa transmite a través del anuncio, del cartel, de la ventana emergente… La transmisión se produce solo en un sentido, y el público se sitúa en una posición pasiva de recepción. Por el contrario, las redes sociales remiten a una comunicación orquestal. Se trata de un intercambio dentro de un grupo de individuos donde todo tiene un significado, incluso la reacción, el tiempo de reacción o la ausencia de reacción. Es un sistema mucho más complejo. Así, cuando una empresa enriquece su comunicación publicitaria con el uso de redes sociales, pasa de una transmisión a una interacción, y esto implica que se tenga en cuenta la individualidad del otro.

VENTAJAS DE LAS REDES SOCIALES

La razón por la que cada vez más organizaciones usan las redes sociales para su comunicación es porque esta herramienta está repleta de posibilidades y ofrece múltiples ventajas.

La «viralidad»

La propagación casi mundial de algunas redes sociales las convierte en herramientas de difusión fuera de lo común. Gracias a las interconexiones infinitas, se puede transmitir una información a un número increíble de personas en un tiempo récord. En cierta medida, se trata del principio del boca a boca llevado al extremo: una persona publica un dato en su muro, que ven cientos de personas, que la publican en su propio muro, que a su vez ven cientos de personas, etc. Tal y como podemos comprobar cada día, desde la llegada de las redes sociales, la información da la vuelta al mundo en tan solo unos segundos. Se extiende de forma exponencial, como un virus contagioso.

El carácter gratuito

La inscripción a las redes sociales más utilizadas es gratuita. De hecho, esto es lo que ha forjado su popularidad y su éxito, entre otras cosas. Así, representan un espacio de información completamente gratuito. Es cierto que cada vez más empresas contratan a un *community manager*, es decir, crean puestos cuya función es explotar estas plataformas, lo que obviamente genera costes. Sin embargo, concebir un programa publicitario cuesta mucho más. Por lo tanto, gestionar cuentas de empresa en redes sociales constituye un mejor rendimiento de inversión, seguro y fiable. Además, la universalidad de internet permite una difusión mundial, por lo que las redes sociales ofrecen la mejor relación coste/visibilidad existente.

La creación de un diálogo

Tal y como sabemos, la publicidad suscita reacciones y sentimientos muy ambivalentes, ya que apela a la vez al consciente y al inconsciente, no solo para informar, sino también para influir. Sobre todo, se produce fundamentalmente en sentido único: en este caso, la comunicación solo se hace de la empresa al público, por lo que este último no se sitúa más que en una posición de recepción.

Por el contrario, la comunicación a través de las redes sociales permite abrir el diálogo. El público tiene derecho a expresarse. Ya no se siente esclavo de la publicidad, no se siente obligado a recibir sin protestar. Tal y como afirman Proulx, Millete y Heaton en *Médias sociaux. Enjeux pour la communication* («Medios sociales. Retos para la comunicación»), asistimos a un movimiento de democratización de la palabra. Cada uno puede expresarse, manifestar su aprobación o su desacuerdo. Las redes sociales permiten el diálogo y, por lo tanto, ayudan a la posible comprensión recíproca entre una empresa y el público que la sigue.

RIESGOS Y PROBLEMAS

La reactividad

La condición *sine qua non* de cualquier comunicación en una red social es la reactividad. El mundo va a toda velocidad y, a veces, cuesta seguirlo. La información vuela y se transmite con la rapidez de las conexiones a internet. Si tardas demasiado tiempo en comunicarte, en seguida te arriesgas a que tus competidores te adelanten. Los internautas buscan la primicia de la información y siguen prioritariamente las páginas que les ofrecen lo novedoso, lo inédito y en exclusiva. Si no estás en condiciones de reaccionar con rapidez a los acontecimientos, tus páginas no despertarán el interés del público y caerán en papel mojado. Obviamente, esto no significa que haya que precipitarse para publicar cualquier cosa. La dificultad (y el reto) de una comunicación en las redes sociales es que debe combinar rapidez y pertinencia.

La presentación

Tanto en internet como en muchos ámbitos, la apariencia resulta determinante para la imagen que damos a terceros. Así, hay que tener un cuidado muy especial para pulir nuestra imagen en las redes sociales. Pero aunque, obviamente, hay que saber seducir, también (o, quizás, sobre todo) hay que tener una presentación irreprochable a todos los niveles constantemente.

> «Así, actuar en las redes sociales es anticiparse a la idea de que cualquiera puede enterarse un día de una información que has difundido. Por lo tanto, conviene cuidar nuestra presentación igual que si saliésemos de casa físicamente, diciendo "buenos días", vistiéndonos decentemente y expresándonos correctamente»[1] (Rissoan 2011, 13).

En efecto, la más mínima información, el más mínimo mensaje, la más mínima foto o imagen publicada en tus redes puede recuperarse inmediatamente, transmitirse y expandirse al mundo entero sin que puedas controlar su propagación. Un error, un paso en falso o una mala información puede dar la vuelta al mundo en unos minutos y perjudicar la imagen de tu empresa de forma duradera. No confundas velocidad y precipitación. Aunque es cierto que debes mostrarte reactivo, tienes que comprobar la información y pensar en todas tus publicaciones.

---

1. Cita traducida por 50Minutos.es

La frontera personal/profesional

Cuando un empleado tiene la tarea de gestionar la cuenta de Facebook, Twitter o cualquier otra de su empresa, está representando la identidad de la empresa. No solo habla en su propio nombre, sino que debe expresar el posicionamiento de su empresa. Sin embargo, es él como individuo quien gestiona la cuenta, quien elige y quien redacta las publicaciones. ¿Cómo separar en este caso la comunicación oficial de la empresa de la opinión personal?

Como jefe de empresa o responsable de comunicación, tienes que fijar unas normas, definir una política precisa (frecuencia, temas, tonos, compromiso, etc.) en función de las particularidades de tu organización (dimensión, propósitos, objetivos, sector de actividad, etc.), independientemente de si optas por dejar una gran libertad de expresión o de si, por el contrario, quieres supervisar las publicaciones de forma muy estricta. Sea cual sea la opción que elijas, el posicionamiento debe ser claro, estable y transparente. La persona que se expresa debe estar identificada por su papel dentro de la empresa. De esta manera, el público debe poder distinguir claramente quién habla y en nombre de quién, ya que de lo contrario corre el riesgo de perderse y de desconfiar de ti; y es que «las redes sociales se basan en gran parte en la confianza; romperla es un riesgo»[2] (Flanagan 2014).

<u>PEQUEÑO PLUS</u>

Para evitar cualquier ambigüedad si algunos empleados se expresan a título individual, puedes pedirles que indiquen en sus cuentas una frase como: «Las opiniones que aparecen aquí representan mi pensamiento personal y no comprometen de ninguna forma las de mi empleador».

La persona detrás de la pantalla

Cuando hablamos en nombre de un organismo, es difícil saber qué actitud debemos adoptar: ¿tengo que mantener una absoluta neutralidad? ¿Puedo formular una crítica o debo seguir siendo positivo a toda costa? ¿Puedo hacer gala de humor, indignación o entusiasmo?

---

2. Cita traducida por 50Minutos.es

Tal y como acabamos de ver, la empresa es quien debe determinar lo que puedes permitirte, pero sea como sea siempre es necesario mostrar una faceta humana. El público no debe tener la sensación de que los comentarios y las respuestas se hacen de forma automática. Debe sentir que, en algún punto del planeta, hay una persona que también se encuentra detrás de una pantalla y que le presta toda su atención.

UNA RED, UN TONO

Para que una comunicación sea realmente pertinente, debe estar adaptada a su soporte. No obstante, cada red tiene sus particularidades. No decimos lo mismo y no nos expresamos de la misma manera en Facebook, en Twitter, en LinkedIn o en Viadeo.

Facebook

Facebook, la red social más conocida y más emblemática, también es la que cuenta con más inscritos, evidentemente. Más allá de su incomparable popularidad, presenta la ventaja de poder crear una página profesional distinta a la de la cuenta personal. Así, la empresa puede informar acerca de su actualidad de forma oficial. En efecto, a través de las notificaciones, cada persona que sigue tu página recibe información de todas tus publicaciones: comentarios, fotos, vídeos, vínculos, etc. Y, todavía mejor, esa persona puede reaccionar y ofrecerte la posibilidad de responderle a continuación. Facebook permite de esta manera que se cree un diálogo real entre un organismo y sus «seguidores».

El carácter oficial de la página (muy diferente a la cuenta personal o al grupo) orienta el tono hacia el profesionalismo, hacia un posicionamiento institucional. En una página de Facebook, el organismo es quien se expresa (y no individuos aislados). El discurso debe representar su identidad.

LO QUE HAY QUE EVITAR

No escojas el nombre de tu página a la ligera, ya que será imposible que lo modifiques en cuanto alcances los doscientos seguidores. El nombre de la página debe concordar a la perfección con el de la empresa. Presta una especial atención a las mayúsculas, a los espacios y a los acentos; este tipo de detalles puede impedir que algunas personas accedan a tu página. Así, no titules tu página «EmpresaX» si, en realidad, se llama «Empresa X»: los internautas que la busquen con el espacio podrían no encontrarte.

Twitter

Un tuit, limitado a 140 caracteres, es una forma de expresión bastante poética, una especie de haiku (poema breve japonés) de los tiempos modernos y, en cualquier caso, un ejercicio de redacción con una limitación en la que la necesidad de concisión extrema implica una reflexión sobre la formulación. Twitter es la combinación de una reactividad candente, instantánea, y de una expresión pulida, precisa y justa. En esta característica reside el interés, la dificultad y el tono único de Twitter: directo, incisivo y un poco original. Con Twitter, no podemos andarnos con rodeos. El éxito de esta red tan particular nos desvela muchos aspectos del mundo actual y de sus prioridades: reactividad, concisión, eficacia. Lograr una buena comunicación en Twitter no es fácil, pero quizás es la red que más garantías ofrece de conectar con el espíritu del público.

LinkedIn y Viadeo

Desde su nacimiento, LinkedIn se ha posicionado como una especie de «Facebook para empresas». En efecto, esta red es principalmente profesional, al igual que Viadeo. Con respecto a Facebook, no dudamos en aceptar entre nuestros contactos a nuestros compañeros, jefes y empleados.

Viadeo es un equivalente francés de LinkedIn.

Aunque ahora ya está presente a nivel internacional, Viadeo está menos activo en el extranjero que su homólogo estadounidense. Sin embargo, el posicionamiento de estas dos redes, ligeramente distinto, las convierte más en complementarias que en competidoras. En efecto, dado que tiene un rango menor, Viadeo reúne a muchas pymes, mientras que LinkedIn cuenta con las mayores empresas del mundo.

La particularidad de LinkedIn y de Viadeo es que permite interactuar no solo a individuos, sino también a empresas, y encontrar socios con los que el organismo podrá evolucionar y desarrollarse. Por todas estas razones, el tono es decididamente profesional. También se trata de herramientas importantes para la búsqueda de empleo. Las empresas publican en ellas sus ofertas, obtienen información sobre los posibles candidatos, buscan el candidato ideal en función de criterios precisos… Parece que, de nuevo, Viadeo favorece la proximidad al ofrecer un listado de muchas ofertas de comerciales y de mandos medios, mientras que LinkedIn se dirige más en particular a los jefes de empresa y a las profesiones reguladas (abogados, agentes judiciales, auditores, etc.).

Por lo tanto, estas dos redes son sitios importantes de intercambio profesional y buenos indicadores de la salud de una empresa. Por lo tanto, es vital que no descuidemos nuestros perfiles en LinkedIn y Viadeo.

<u>PEQUEÑO PLUS</u>

Para que las redes para establecer contactos sean realmente pertinentes, la descripción del organismo debe ser clara y precisa. Rellena tu perfil al 100 % e indica toda la información posible sobre tu empresa: su historia, su creación, su objetivo, su estado actual, su dimensión, sus proyectos, etc.

Instagram y Pinterest

Instagram y Pinterest, que ya están muy extendidos entre las cuentas personales y privadas, también resultan prometedoras para los profesionales. En efecto, estas redes de intercambio de fotos, imágenes y vídeos ofrecen un medio de comunicación original y moderno. Incluirlas en tu estrategia de comunicación es una forma excelente de desmarcarte de tus competidores que todavía no hayan dado el paso.

A menudo, se dice que una imagen vale más que mil palabras. Con Instagram y Pinterest, este dicho cobra todo su sentido. Una presentación visual de las novedades, eventos que se están desarrollando o futuros productos puede ser la publicidad más elocuente y eficaz. La cultura de la imagen, que cada vez tiene más peso en el mundo actual, revela que algo visual encierra una cantidad considerable de significado. Así, la fotografía de un producto dice mucho más que la existencia de ese producto: resalta la identidad de la empresa. Todavía mejor, este tipo de comunicación, menos formal, permite crear una auténtica cercanía con los internautas. Se reconocen en tus fotos, en tu estado anímico, dan un «me gusta» a tus publicaciones, las difunden en su entorno y, a su manera, participan en tu comunicación.

Instagram y Pinterest, que en su mayoría se consultan desde el *smartphone*, siguen al público por todas partes, por lo que se convierten en auténticos compañeros de su día a día. Por lo tanto, hay que comportarse como un amigo simpático, divertido y un poco bromista en estas redes.

¿PEQUEÑO PLUS?

¿Y si despertases la curiosidad de tus internautas? Publica fotos que solo desvelen una parte de tu próximo producto, una especie de *teaser* fotográfico que divulgue la información poco a poco. Tu público, intrigado, querrá saber más y observará con atención tus próximas publicaciones, y su apego a tu empresa aumentará con su curiosidad.

Aun así, una comunicación de éxito en Pinterest y en Instagram implica una identidad visual fuerte y reconocible. Si tu marca tiene una particularidad visual, ponla de relieve y preséntala de todas las formas posibles. Es tu firma y debe echar raíces en la mente de los internautas. Si todavía no has creado tu identidad visual, quizás sea hora de que te lances: aprovecha tus recién creadas cuentas en Pinterest e Instagram para moldear tu particularidad, el detalle visual con el que el público podrá distinguirte del resto.

LOS MEJORES CONSEJOS

- **Define una línea editorial precisa**: ¿a qué nos referimos? Antes de lanzarte, es importante que fijes con detalle qué orientación tendrán tus publicaciones (tono neutro, comprometido, mordaz, humorístico...) y qué tipo de tema vas a tratar (innovación científica, economía, personajes famosos, ecología... o solamente la actualidad de tu sector de actividad), y debes hacerlo para cada una de tus redes.
- **Elige al interlocutor (o interlocutores) que representa a la sociedad**: ¿quién habla y en nombre de quién? Tus internautas tienen que poder identificar quién se dirige a ellos. Así, el que habla debe presentarse sistemáticamente (nombre o pseudónimo, función en la empresa, etc.).
- **Fija una frecuencia de publicación**: dinámica, pero no abrumadora. Tu página debe evolucionar a intervalos regulares. Aunque es cierto que una media semanal siempre es un valor seguro, el ritmo adecuado es diferente para cada empresa.

- **Escucha al público**, responde a los participantes. Si no quieres perder a tus seguidores, tienes que demostrar que tienen valor para ti y no debes descuidarlos. Por lo tanto, tómate la molestia de responder sistemáticamente a todos los comentarios que recibes.
- **Defiende tus afirmaciones manteniendo un tono condescendiente**: asume tus posturas, pero reconoce tus errores. Independientemente de las posibles agresiones o comentarios desagradables que recibas, mantente siempre profesional y cortés. Intenta entender las críticas y explicar tus puntos de vista, mientras eres capaz de replantearte tus ideas.
- **Sé paciente**: no te desanimes si los resultados no llegan en seguida. La fuerza de una red social potente viene de la fidelidad de sus internautas. Sin embargo, hay que dejar tiempo al tiempo, al igual que pasa en cualquier relación que implica compromiso y confianza.
- **No tengas miedo a ser contundente** (en cierta medida): no te limites a difundir publicaciones de otros y apuesta por aportar opiniones e información nueva. Tus internautas han optado por seguirte, por lo que esperan

tener tu opinión y tus sensaciones, no las de otras personas. Por lo tanto, tienes que hacer el esfuerzo de expresarte por ti mismo.

- **Habla sobre ello**: cada uno de tus medios de comunicación debe informar acerca de ellos. Construye una espiral de comunicación entre tus redes para que cada una remita a las demás.
- **Imprime ritmo a tu hilo de actualidad con eventos**: concurso, juegos… De esta manera, apelas a tu público, creas una auténtica interacción con él y le ofreces alegría y diversión.
- **Comprueba la ortografía y la gramática**. Para resultar creíble, tienes que procurar que tu lengua sea irreprochable.

PREGUNTAS FRECUENTES

¿CON QUÉ FRECUENCIA TENGO QUE PUBLICAR EN LAS REDES SOCIALES?

Aunque es cierto que tienes que demostrar dinamismo y que tu página está activa, también debes evitar abrumar a tus internautas, hasta rayar el acoso.

Evidentemente, la frecuencia adecuada depende del sector de actividad, de la red y de la línea editorial que eliges. Así, una tienda de zapatos podrá publicar cada día un modelo para dar a sus clientes una idea general progresiva de su colección, mientras que una editorial universitaria se adaptará a las publicaciones de obras y a los avances de la investigación.

En términos generales, se considera un buen ritmo entre una vez al día y dos veces al mes. Deberás encontrar la frecuencia que mejor se adapta a ti: intenta, prueba, tantea y la respuesta acabará por aparecer ante ti.

¿CÓMO IMPRIMO DINAMISMO A UNA CUENTA DORMIDA?

Es fundamental que se produzca una actividad regular para garantizar el éxito de una cuenta. Sin embargo, es obvio que el contenido publicado también debe ser de calidad y despertar el interés de los internautas. Es mejor presentar buenas publicaciones con una frecuencia menor que inundar la red de publicaciones sin interés, o correrás el riesgo de vivir la misma suerte que esos innumerables folletos que se amontonan en los buzones y que, inevitablemente, acaban en la basura sin que nadie los lea nunca.

PEQUEÑO PLUS

Para que tu página sea más animada, haz que sea interactiva, invita al público a que intervenga y crea una auténtica interacción. Por ejemplo, puedes crear aplicaciones paralelas lúdicas y participativas u organizar juegos y concursos. No se trata solo de informar, sino también de crear entretenimiento y despertar la curiosidad.

¿TENGO QUE HABLAR EN PRIMERA PERSONA DEL SINGULAR O DEL PLURAL? ¿EN NOMBRE DE QUIÉN DEBO EXPRESARME?

Todo depende de a quién representas: ¿hablas como individuo que, aunque representa al grupo, expresa su punto de vista o escribes en nombre de tu empresa en su conjunto, de sus dirigentes, responsables y empleados?

En el primer caso, es conveniente que te identifiques claramente para despejar cualquier ambigüedad y te asegures de que los internautas saben que eres tú quien responde y no otra persona. Sin tener por qué dar tu nombre completo (aunque puedes dar tu nombre de pila), indica tu función dentro de la empresa. Así sabrán cuál es tu papel y tu responsabilidad. En este caso, es mejor emplear «yo» la mayor parte del tiempo para resaltar tu personalidad dentro de la empresa.

En el segundo caso, es obligatorio que uses la primera persona del plural. En efecto, la página o la cuenta representa una entidad plural, un grupo de individuos. Aunque, obviamente, cada uno puede tener su propia opinión, no es el lugar indicado para darla a conocer. Al contrario, hay que establecer una comunicación oficial, y eso conlleva neutralidad y distancia. De esta manera, el uso del «nosotros» crea una barrera clara entre la empresa y tu persona.

¿CÓMO REACCIONO ANTE LOS COMENTARIOS AGRESIVOS, CALUMNIOSOS O DIFAMATORIOS?

La particularidad de las redes sociales es que, por una parte, permiten una gran libertad de expresión y, por otra parte, contribuyen a la interacción entre personalidades muy diferentes; no obstante, a veces, la combinación de estos dos factores acarrea diálogos complicados e, incluso, conflictivos. Por lo tanto, puede ocurrir que te veas confrontado a comentarios desagradables. Esto es inevitable y, además, en cierta medida, es una de las riquezas de las redes sociales: por lo general, enfrentarse a la adversidad permite avanzar. No obstante, hace falta saber cómo gestionar de la mejor manera posible las situaciones de este tipo.

Independientemente del ataque que sufras, tienes que mantenerte cordial, objetivo y profesional a toda costa. No respondas a un ataque con un ataque: esto solo avivará el conflicto y, además, correrás el riesgo de perder crédito ante otros internautas. Escucha los reproches formulados y responde con calma explicando tus actuaciones y justificando tus decisiones. Si logras volver a crear el diálogo y la intercomprensión, quizás logres que un rival se convierta en tu mayor seguidor.

PEQUEÑO PLUS

En los casos extremos, debes saber que existe una funcionalidad de moderación en todas las redes. «Como gestor de contenido [...], siempre tienes la posibilidad de suprimir comentarios u observaciones. Incluso la mejor opción es autorizar una publicación solo cuando hayas validado el texto»[1] (Rissoan 2011, 44). Así, gestionas todo lo que aparece en tu página y te proteges de las malas sorpresas.

---

1. Cita traducida por 50Minutos.es

¿QUÉ OCURRE SI NO RESPETO LAS CONDICIONES DE USO?

Cada red social tiene sus propias normas de uso y la creación de una cuenta implica su aceptación. Por lo tanto, el hecho de no respetar estas condiciones de uso puede generar sanciones que van desde una simple advertencia hasta la supresión de la cuenta.

LO QUE HAY QUE EVITAR

La marca de ropa Kiabi, con cerca de 130 000 seguidores gracias a una comunicación dinámica que ofrecía juegos y concursos, vio cómo Facebook cerraba su página en 2010 por no respetar las condiciones generales de uso. En efecto, la normativa especifica que la organización de un concurso a través de Facebook tiene que pasar obligatoriamente por la creación de una aplicación dedicada a ello, algo que no hizo Kiabi.

Por lo tanto, es fundamental que te informes bien sobre las normas de uso de cada red en la que estás activo. Mejor aún, comprueba las actualizaciones periódicamente: a veces, las condiciones cambian sin que seas informado.

¿LAS REDES SOCIALES PUEDEN REUTILIZAR LA INFORMACIÓN PUBLICADA?

¡Sí! Al publicar algo en una red social, le estás dando la oportunidad de que lo utilice como quiera, es decir, que lo difunda, lo modifique, lo explote, etc. Por lo tanto, debes tener mucho cuidado y estar atento a no publicar nada comprometedor.

No olvides una regla básica de la web: lo que está en internet, no desaparece jamás.

¿TENGO QUE INCLUIR LAS REDES SOCIALES EN LOS CONTRATOS DE TRABAJO DE MIS EMPLEADOS?

A menudo, por motivos de confidencialidad de las actividades de la empresa, cada vez es más frecuente que se incluya una cláusula relativa al uso de las redes sociales en los contratos de trabajo o en el reglamento interno de las empresas. En efecto, con esto te aseguras de que tus empleados no utilizarán las redes sociales para denigrar tu marca. Esto resulta habitual en las empresas muy grandes, que cuentan con muchos empleados y donde es poco frecuente el contacto entre los distintos niveles jerárquicos.

GUIÑO DEL EMPLEADOR

En las empresas de un tamaño más pequeño, a veces este tipo de cláusula puede provocar el malestar o, incluso, la ira de algunos empleados, que perciben este acto como una falta de confianza hacia ellos. En esta situación, habrá que optar por el diálogo, tranquilizar a tu equipo y explicarles que solo se trata de una formalidad que ahora ya es banal.

¿DEBO CONTRATAR A UN *COMMUNITY MANAGER* PARA EXPLOTAR LAS REDES SOCIALES?

Es algo que se recomienda cada vez con más frecuencia. Por una parte, la gestión de varias cuentas no solo requiere unas aptitudes específicas, sino también mucho tiempo. El papel del *community manager* es conocer los retos y las especificidades de cada red, pero también llevar a cabo una vigilancia permanente para estar al tanto constantemente de la actualidad. Por lo tanto, es el mejor situado para saber qué decir, en qué momento y de qué manera.

Por otra parte, el gestor de la comunidad sigue las modificaciones de las condiciones de uso en cada red, dado que está en contacto permanente con todas ellas. Los cambios de estas reglas son muy frecuentes y muy rara vez se notifican a los usuarios. El *community manager* asegura que se respeten estas reglas al comprobar con regularidad que las cuentas de la empresa se adaptan a las condiciones de uso exigidas.

¡AHORA ES TU TURNO!

¿Estas convencido del extraordinario potencial de las redes sociales para tu empresa? Solo te queda crear tus propias páginas. Por su éxito considerable y por su comodidad de uso, te recomendamos que empieces por Facebook. En efecto, es la más conocida, quizás la más utilizada y, probablemente, la que te ofrece más visibilidad, y por ello es la red ideal para empezar. Como empresa o asociación, opta por una «página», en vez de por una «cuenta», que se recomienda más para un uso personal.

- En la página de bienvenida, no completes el formulario de inscripción (lo que sería para una cuenta personal) y haz clic en «crea una página».
- A continuación, especifica sobre qué trata: «Lugar o negocio local», «Empresa, organización o institución», «Marca o producto», «Artista, grupo de música o personaje público», «Entretenimiento», «Causa o comunidad».
- Selecciona la categoría en la que te sitúas con

el menú desplegable. Ten cuidado y elige bien la categoría que te corresponde, ya que serás visible para el público más fácilmente.

- Indica el nombre de tu página. Cuidado, tiene que corresponder a la perfección con el nombre de tu organización, marca o producto, por lo que hay que prestar atención sobre todo a los espacios, a los acentos y a las mayúsculas. Si no, los internautas que te busquen pueden no encontrarte.
- No olvides consultar las condiciones de uso de las páginas de Facebook, ya que es fundamental que sepas con qué te estás comprometiendo, sobre todo con respecto al derecho, al contenido autorizado y a la confidencialidad.
- Haz clic en «Empezar» y ya está. Eres el afortunado dueño de una página de Facebook. Ya solo te falta rellenarla con contenido y difundirla al máximo.

Una de las primeras etapas, y una de las más fundamentales, es el añadido de la imagen. En efecto, hay que elegir a la vez una imagen o una foto de perfil, es decir, la que aparecerá en miniatura al lado de cada una de tus publicaciones, y una imagen o foto de fondo, es decir, la que se verá en grande en la parte superior de tu página y que da la bienvenida a los internautas.

Aunque la foto de perfil de una página es, por lo general, bastante estable, ya que te identifica fácilmente entre el público, la foto de fondo puede modificarse a intervalos regulares en función de tu actualidad, si lo deseas. Favorece los aspectos visuales que te representan sin ambigüedad: logo, producto estrella, equipo o cualquier otra imagen que remite a tu identidad.

A continuación, rellena con cuidado la información sobre tu página. Esta presentación debe ser a la vez concisa y clara. Debe permitir que los internautas te comprendan (y te aprecien) en un instante. También es el espacio ideal para remitir a tus otros puntos de contacto: página web, correo electrónico, otras redes sociales, etc.

Después, puedes publicar el contenido que quieras e invitar a los internautas a que le den a «me gusta» a tu página. Cada vez que a alguien le guste tu página, recibirás una notificación y eso aparecerá en el hilo de actualidad de sus contactos. Tal y como mencionábamos previamente, la información se trasmitirá por viralidad, de red en red.

En cualquier momento, puedes consultar las estadísticas de tu página para saber lo que despierta interés, suscita reacciones y se comparte. Además, también puedes promocionar tu página y generar espacios publicitarios que aparecerán en el hilo de actualidad de los internautas —previo pago—.

Ya solo te queda dar contenido a tu página y hacer que tu público espere con ansias tus publicaciones.

¡Tu opinión nos interesa!
¡Deja un comentario en la página web de tu librería en línea,
y comparte tus favoritos en las redes sociales!

PARA IR MÁS ALLÁ

FUENTES BIBLIOGRÁFICAS

- Baylon, Christian y Xavier Mignot. 2003. *La communication.* París: Nathan université.

- Hossler, Mélanie, Olivier Murat y Alexandre Jouanne. 2014. *Faire du marketing sur les réseaux sociaux. 12 modules pour construire sa stratégie sociale media.* París: Eyrolles.

- Proulx, Serge, Mélanie Millette y Lorna Heaton. 2011. *Médias sociaux. Enjeux pour la communication.* Quebec: Presses de l'Université du Québec.

- Rissoan, Romain. 2011. *Les réseaux sociaux. Facebook, Twitter, Viadeo, LinkedIn, Google+. Comprendre et maîtriser ces nouveaux outils de communication.* Saint-Herblain: Éditions ENI.

- Flanagan, Kieran. 2014. "Comment mettre en place une politique d'utilisation des réseaux sociaux pour votre entreprise?". *Salesforce.* Consultado el 8 de enero de 2017. http://www.salesforce.com/fr/socialsuccess/reseaux-sociaux/comment-elaborer-une-politique-d-utilisation-des-reseaux-sociaux-pour-votre-entreprise.jsp

- Winkin, Yves. 2001. *Anthropologie de la communication. De la théorie au terrain.* París: Seuil, colección *Points essais*.

FUENTES COMPLEMENTARIAS

- Balagué, Christine y David Fayon. 2012. *Réseaux sociaux et entreprise: les bonnes pratiques*. París: Pearson.

- Bladier, Cyril. 2015. *La boîte à outils des réseaux sociaux*. París: Dunod.

- Salmanjee, Yasmina. 2016. *Les réseaux sociaux pour les nuls*. París: First Éditions.

PELÍCULA

- *La red social.* Dirigida por David Fincher, con Jesse Eisenberg, Justin Timberlake y Andrew Garfield. Estados Unidos: Columbia Pictures, 2010.

50MINUTOS.es